BEI GRIN MACHT SICH IHR WISSEN BEZAHLT

AF136931

- Wir veröffentlichen Ihre Hausarbeit, Bachelor- und Masterarbeit

- Ihr eigenes eBook und Buch - weltweit in allen wichtigen Shops

- Verdienen Sie an jedem Verkauf

Jetzt bei www.GRIN.com hochladen und kostenlos publizieren

Bibliografische Information der Deutschen Nationalbibliothek:

Die Deutsche Bibliothek verzeichnet diese Publikation in der Deutschen National-
bibliografie; detaillierte bibliografische Daten sind im Internet über http://dnb.d-
nb.de/ abrufbar.

Impressum:

Copyright © 2018 GRIN Verlag
Druck und Bindung: Books on Demand GmbH, Norderstedt Germany
ISBN: 9783346142306

Dieses Buch bei GRIN:

https://www.grin.com/document/535319

Marvin Haas

Problematik der asymmetrischen Information, der Vermarktung einer komplexen Beratungsleistung und der geeigneten Standortwahl für einen Dienstleister

GRIN Verlag

GRIN - Your knowledge has value

Der GRIN Verlag publiziert seit 1998 wissenschaftliche Arbeiten von Studenten, Hochschullehrern und anderen Akademikern als eBook und gedrucktes Buch. Die Verlagswebsite www.grin.com ist die ideale Plattform zur Veröffentlichung von Hausarbeiten, Abschlussarbeiten, wissenschaftlichen Aufsätzen, Dissertationen und Fachbüchern.

Besuchen Sie uns im Internet:

http://www.grin.com/

http://www.facebook.com/grincom

http://www.twitter.com/grin_com

Einsendeaufgaben

Alternative A: Problematik der asymmetrischen Information, die Vermarktung einer komplexen Beratungsleistung, sowie die geeignete Standortwahl für einen Dienstleister

abgegeben am 24. März 2018 im Prüfungssekretariat

Modulverantwortlicher Hochschullehrer:

SRH Fernhochschule

Modul: Dienstleistungen und Service Management

Studiengang: Sportmanagement

von

Marvin Haas

Inhalt

Abkürzungsverzeichnis

bzgl.   bezüglich

bzw.   beziehungsweise

etc.   et cetera

sog.   sogenannte

vgl.   vergleiche

z. B.   zum Beispiel

Abbildungsverzeichnis

1. Problematik der asymmetrischen Information

1.1 Hintergründe

Die ersten Ausführungen zum Thema der „asymmetrische Information" stammen von George A. Akerlof. Anhand des Kraftfahrzeugmarktes verdeutlicht er das entsprechende Phänomen. Er führt an, inwiefern bei diesem Beispiel unterschiedliche Wissensstände der Vertragspartner vorliegen. Während der Anbieter der Autos ziemlich genaue Kenntnisse über jegliche Einzelheiten seiner Fahrzeuge hat, vor allem auch über die Qualität, hat der potenzielle Käufer häufig lediglich Informationen darüber, dass es auf dem Fahrzeugmarkt Autos mit unterschiedlicher Qualität gibt. In diesem Fall herrscht ein klassischer Fall von Wissensvorsprung seitens des Anbieters vor. [1]

1.2 Theorie

Die Theorie der asymmetrischen Informationsverteilung wurde von Michael Jensen und William Meckling in ihrem Prinzipal-Agent-Ansatz erklärt. Dieser handelt im Grunde von der Beziehung zwischen Auftraggeber (Prinzipal) und dem Auftragnehmer (Agent). Der Prinzipal erteilt den Auftrag, den der Agent schließlich ausführt. Typisch für dieses Zusammenspiel ist jedoch, dass der Auftragnehmer in der Regel besser informiert ist als der Auftraggeber, weswegen eine asymmetrische Informationsverteilung vorliegt. [2]

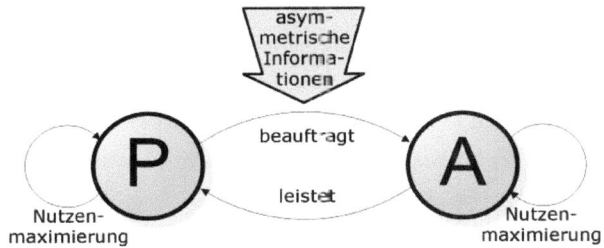

Abbildung 1: Prinzipal-Agent-Ansatz
(Quelle: http://de.academic.ru/pictures/dewiki/80/Prinzipal-Agent-Theorie.png)

---

[1] Vgl. Akerlof (1970); S. 489
[2] Vgl. Jensen/Meckling (1976), S. 4-7

1.3 Grundtypen

Häufig wird bei asymmetrischer Information zwischen zwei Grundtypen unterschieden. Diese wären auf der einen Seite die „hidden characteristics", also Unsicherheiten bzgl. der Qualität der angebotenen Leistung und auf der anderen Seite die „hidden actions" bzw. auch „Moral Hazards" genannt. Die beiden US-Amerikaner Susan Woodward und Armen Alchian beschreiben zusätzlich einen weiteren typischen Grundtyp, die sogenannten „hidden atention" auch „Holdup" genannt. Diese drei Grundtypen werden im weiteren Verlauf spezifiziert.

Qualitätsunsicherheit (hidden characteristics): Die Grundannahme dieser Theorie besagt, dass es gewisse Merkmale einer Leistung gibt, die der Auftraggeber nicht einsehen kann. Dies führt dazu, dass der Auftraggeber erst nach Inanspruchnahme der Leistung wichtige Informationen bzgl. der Qualität erhält. Teilweise kann es vorkommen, dass der Nachfrager niemals die entsprechenden Informationen erhält. Diese wären jedoch bereits vor Inanspruchnahme für seine Entscheidung von großer Bedeutung gewesen. [3]

Moral Hazards (hidden actions): Diese Form der asymmetrischen Information birgt, wie der Name schon sagt, moralische Risiken. Dies lässt sich darauf zurückführen, dass der Anbieter in diesem Fall minderwertige Qualität anbieten kann, ohne dass es der Nachfrager erfährt. Bei dieser Form ist es praktisch nicht möglich die erworbene Leistung zu prüfen. Somit kann der Nachfrager lediglich aufgrund von Vertrauenseigenschaften gegenüber dem Anbieter den Kauf tätigen. [4]

Holdup (hidden intention): Die Besonderheit hierbei ist die Variabilität des Anbieters, da er sein Verhalten jederzeit ändern kann. Im Grunde genommen zielt dieser Ansatz darauf ab, etwaige Vetragsfreiräume bestmöglich auszunutzen. Dies ist jedoch nur möglich, da es teilweise undenkbar ist jede mögliche Gegebenheit schriftlich festzuhalten und auch nur wenn sich der Anbieter so verhält, wie es der Nachfrager von ihm erwartet. Dies ist dadurch bedingt, da dem Prinzipal zumeist bereits Kosten entstanden sind, sog. Sunk costs. [5]

1.4 Beseitigung

Um Informationsasymmetrien zu beseitigen gibt es prinzipiell zwei verschiede und sich ergänzende Möglichkeiten. Hierbei handelt es sich um das „Signaling", welches vom Anbieter

---

[3] Vgl. Linde (2005), S.40
[4] Vgl. Linde (2005), S.40
[5] Vgl. Alchian/Woodward (1988), S. 67

ausgeht, sowie das „Screening", welches vom Kunden eingesetzt wird. [6] Das vom Anbieter ausgehende „Signaling" kann schließlich in drei separate Bereiche unterteilt werden. Zum einen das „previewing and browsing" (Varian, 1998, S.4), des Weiteren „reviews" (Varian, 1998, S.4), sowie „reputation" (Varian, 1998, S.5).

„Previewing and Browsing": hierbei geht es darum, dem Kunden die Möglichkeit zu geben Produkte zu durchforsten bzw. vorab zu inspizieren. Typische Beispiel kommen aus der Musikindustrie, die einzelne Songs neuer Alben sowie bruchstückhafte Ausschnitte bereitstellen. Dadurch ist die Möglichkeit gegeben die Qualität vor dem Kauf zu überprüfen.

„Reviews" stellen die zweite denkbare Möglichkeit dar. Der Anbieter versucht den potenziellen Kunden Bewertungen bereitzustellen, die frühere Kunden über entsprechendes Produkt abgegeben haben. Dies vermindert Unsicherheiten vor dem tatsächlichen Kauf. Typisches Beispiel sind Rezensionen von wissenschaftlichen Publikationen.

„Reputation": die dritte und abschließende Option stellt die Reputation des Anbieters dar. Dieser versucht beim Erstkauf eines Produktes oder einer Dienstleistung dem Kunden ein gutes und positives Gefühl zu vermitteln, damit dieser bei einem erneuten Kauf selbigen Anbieter in Anspruch nimmt, da er bereits beim ersten Mal gute Erfahrungen machen konnte. [7]

Beim, vom Kunden ausgehenden, „Screening" wird versucht durch Produkttests, Literaturrezensionen oder etwaige Bewertungsportale Informationsasymmetrien zu beseitigen.[8]

1.5 Beispiel für eine asymmetrische Informationsentstehung

Ein typisches Beispiel, wo man eine asymmetrische Informationsverteilung vorfinden kann, ist die Handwerksbranche. Folgender beispielhafter Sachverhalt liegt vor: Eine vierköpfige Familie befindet sich gerade in der Renovierungsphase ihres Hauses. Sowohl innerhalb als auch außerhalb des Hauses stehen einige Arbeiten an. Aufgrund einer neuen Hauswandfarbe beschließt die Familie das Dach neu zu decken, da die Farbe der Ziegel nicht mehr zur Farbe der Hauswand passt. Sie laden den Geschäftsführer eines ortsansässigen Handwerksbetriebs zu sich ein und beschließen die Modalitäten. Geht man nun von einem Betrieb aus, der sich überwiegend auf Dachdeckerarbeiten spezialisiert hat, treten asymmetrische

---

[6] Vgl. infoconomy (2007)
[7] Vgl. Varian (1998), S. 4-5
[8] Vgl. infoconomy (2007)

Informationsprobleme auf unterteilt in leistungsbezogene Informationsprobleme und transaktionspartnerbezogene Leistungsprobleme.

Das leistungsbezogene Informationsproblem tritt auf, da es dem Kunden nicht möglich ist, vor Beendigung der Arbeiten, die Ausführung zu beurteilen. Bevor das Dach tatsächlich gedeckt ist, ist es unmöglich, die Qualität der Arbeit zu beurteilen. Auch nach Beendigung des Leistungserstellungsprozesses ist eine Qualitätsbeurteilung nicht zwangsläufig möglich. Dies lässt sich darauf zurückführen, dass der Auftragnehmer in der Regel kein Fachmann ist und somit nicht die Fähigkeiten besitzt eine Dachdeckung detailliert zu beurteilen. Oft ist nur eine Bewertung der nur aufgrund von äußerlicher Erscheinung möglich. Die einzig denkbare Möglichkeit, die Dachdeckerarbeiten zu beurteilen respektive mangelnde Qualität festzustellen, bilden wetterbedingte Situationen. Möglicherweise kommt es vor, dass bei Regen Wasser in das Innere des Hauses eindringt oder schon bei moderatem Wind die ersten Ziegel vom Dach fallen. Bis auf diese wenigen Ausnahmen ist es jedoch nicht möglich die Qualität zu irgendeinem Zeitpunkt zu beurteilen.

Das transaktionspartnerbezogene Leistungsproblem ist ebenso typisch für den Handwerksbereich. Hierbei tritt das Problem auf, dass, vom Prinzipal-Agent-Ansatz ausgehend, der Prinzipal, also Auftraggeber und der Agent, somit Auftragnehmer unterschiedliche Wissensstände haben. Während der Kunde weiß, wie das Dach aussehen soll in Bezug auf Farbe, Form und Größe (externe Faktoren) der Ziegel, besitzt der Auftragnehmer einen Wissensvorsprung. Ihm sind die Fähigkeiten seiner Mitarbeiter bekannt, er weiß wann und welche Maschinen unter Umständen eingesetzt werden müssen, sowie etwaige Vor- und Nachteile z.B. von bestimmten Ziegelformen.   Er kennt somit die einzusetzenden Potenzialfaktoren.

1.6 Herausforderungen an den Anbieter

Dies hat zur Folge, dass der beschriebenen Sachverhalte einigen Herausforderungen für den Anbieter bereitstellen. Diese werden im Folgenden genauer beschrieben.

Ein großes Problem für den Anbieter ist es, vorab seine gebotene Qualität zu verdeutlichen. Demo- oder Vorabversionen sind in der Handwerksbranche logischerweise kaum möglich. Der Auftrag kann nicht erst endgültig vergeben werden nachdem das halbe Dach schon gedeckt ist und die Qualität inspiziert wurde. Aufgrund dieser Problematik wird oft von seitens der Anbieter versucht in Form von Visualisierungen die gebotene Qualität zu demonstrieren, etwa in Form von Zertifikaten oder Meisterbriefen. Jedoch kann der Anbieter auf diese

Visualisierungseffekte ebenso wenig zurückgreifen, da der Ort der Leistungsabwicklung nicht in den Räumlichkeiten der Firma stattfindet. Der Geschäftsführer besucht die Familie vor Ort, da er sich ein Bild von der zukünftigen Baustelle verschaffen möchte. Des Weiteren stellt die Dauer der Leistungserstellung eine erhebliche Schwierigkeit für den Anbieter da. In der Regel werden Dienstleistungen innerhalb weniger Minuten bzw. Stunden abgewickelt. Im Handwerksbereich kann die Dienstleistungerstellung gut und gerne mehrere Tage oder Wochen dauern. Der Anbieter muss versuchen in seiner Zeitplanung unproduktive Tage aufgrund von gefährlichen oder unpassenden Wetterbedingungen einzuplanen. Dauern die Arbeiten erheblicher länger als anberaumt, wirkt sich dies negativ auf die wahrgenommene Qualität aus, was häufig zu keinem neuen Auftrag führt. Zusätzlich muss die Personalplanung exakt erfolgen. Ist der Handwerker gewillt einen zusätzlichen Auftrag zeitgleich anzunehmen, darf dies nicht dazu führen, dass aufgrund von Personalmangel eine andere Baustelle ruhen muss. Dies wirkt sich ebenfalls negativ auf die wahrgenommene Qualität aus. Jedoch darf auch nicht zu viel Personal eingeplant werden. Dies kann vorkommen, wenn der Auftragnehmer nicht in Betracht zieht, dass der Auftraggeber bereits Vorarbeiten geleistet hat oder mit in den Leistungserstellungsprozess integriert ist. Zu viel Personal erhöht die Kosten und somit den Preis der Leistungserstellung. Solche Fehler darf sich ein Handwerksbetrieb in der

Regel nicht erlauben, da in dieser Branche Aufträge häufig durch positive Mund-zu-Mund Propaganda vergeben werden. Hat vor kurzem ein Freund der Familie sein Dach decken lassen und war mit der Arbeit zufrieden, wird er den Betrieb mit Sicherheit weiterempfehlen. Außerdem muss die Firma in Betracht ziehen, ob sie sich auf Dachdeckerarbeiten spezialisiert hat. Im Gegensatz dazu kommt es vor, dass sich Betriebe auf mehrere Gebiete spezialisieren. Dies kann dann dazu führen, dass die Preise etwas höher ausfallen. Häufig wird dies von Kunden jedoch akzeptiert, da sie so nur ein Unternehmen beauftragen müssen. Dies hat zur Folge, dass ein positives Image nach außen noch größere Bedeutung gewinnt. Übernimmt beispielsweise eine Firma den Gerüstbau, die Dachdeckerarbeiten, als auch die Streichung der Hauswand, ist ein Kunde durchaus gewillt, den Auftrag an dieses Unternehmen zu vergeben, auch wenn es in Summe etwas teurer sein sollte. Das Schlagwort „Tradition" spielt in der Dienstleisutngserstellung ebenfalls eine große Rolle. Wenn schon seit Generationen für Dachdeckerarbeiten dieselbe Firma beauftragt wurde, nimmt man auch größeren Aufwand in Kauf. Also größte Herausforderung gilt: positives Image wahren!

2. Vermarktung einer komplexen Beratungsleistung

Die folgende Grundannahme liegt vor: Jede Beratungsleistung ist eine zu verkaufende Dienstleistung. Diese wird üblicherweise im Austausch eines Gegenwerts, in den meisten Fällen ein Geldbetrag, erworben. Um den vorliegenden Sachverhalt zu verdeutlichen werden nachfolgend zwei theoretische Grundlagen des Dienstleistungsmarketings einbezogen.

2.1 Sozialpsychologische Erklärungsansätze

Hierbei lassen sich drei wichtige Grundtheorien unterscheiden: die Soziale Austauschtheorie, die Anreiz-Beitrags-Theorie und die Equity-Theorie. Vorneweg lässt sich festhalten, dass die Aussagen und Grundüberlegungen der jeweiligen Theorien von der sozialen Austauschtheorie bis zur Equity-Theorie immer detaillierter werden und in vielen Bereichen auf einander aufbauen.

Die Soziale Austauschtheorie bezieht sich im Grunde auf die soziale Beziehung zwischen dem Kunden und dem Anbieter der Beratungsleistung. Das Ziel besteht darin Gleichheit zwischen beiden Vertragsparteien zu erreichen. Dies ist dann gegeben, wenn die „gelieferten Werte", sprich der Geldbetrag des Kunden und die durchgeführte Beratung des Anbieters, in einem gerechten Verhältnis zu einander stehen. Sollte zu einem Zeitpunkt Ungerechtigkeit herrschen, beispielsweise ist der Preis der Beratung aus Sicht des Kunden höher als der eigentliche Nutzen, kann dies negative Konsequenzen nach sich ziehen. Der Kunde wird gewillt sein, seine Beratungsinanspruchnahme nicht weiter fortzusetzen bzw. bei einem anderen Anbieter die Leistung in Anspruch nehmen. Es lässt sich also festhalten, dass der Kunde die Weiterbeschäftigung des Beraters von der Beziehung der Beiden zueinander abhängig macht. Für diese Entscheidung werden sowohl wirtschaftliche Kriterien einbezogen, als auch soziale Aspekt in Betracht gezogen. Zu den wirtschaftlichen Kriterien gehören wie oben schon erwähnt die Entscheidung, ob der gezahlt Preis für die Beratung und die Leistung die der Berater erbringt, zu einem positiven Nutzen für den Anbieter führt. Jedoch sollten auch die sozialen Aspekte berücksichtigt werden. Hierzu gehören: Besteht ein gewisses Vertrauensverhältnis beider? Kann von Verbundenheit zueinander oder Anerkennung von einander gesprochen werden? Beide Kriterien stellen die Austauschbeziehung zwischen Berater und Kunde da. [9]

Die Anreiz-Beitrags-Theorie vertieft den Gedanken, dass der Kunde als Entscheidungsgrundlage eine gerechte Beziehung zwischen sich und dem Berater wählt. Auch

---

[9] Vgl. Bareiß/Merk (2014), S.25

hier geht man davon aus, dass ein wahrgenommenes Gleichgewicht eine positive Kaufentscheidung zur Folge hat. Jedoch werden hier drei Aspekte berücksichtigt, die in der sozialen Austauschtheorie nicht in Erscheinung treten. Zum einen wird der Mensch an sich mit einbezogen. Uns Menschen ist es gar nicht möglich, jede erdenkliche Information mit einzubeziehen. Sowohl die Gewinnung als auch die Verarbeitung von Information ist begrenzt. Zusätzlich kann es vorkommen, dass Entscheidungen getroffen werden, obwohl man den Sachverhalt gar nicht überblicken kann respektive konnte. Möglicherweise fehlt das nötige Vorwissen oder die Auffassungsgabe. Im Bereich einer komplexen Beratungsleistung tritt dies immer wieder auf, da die Sachverhalte teils sehr spezifisch und kompliziert sind. Außerdem muss in Betracht gezogen werden, dass die Informationen, die als Entscheidungsgrundlage dienen, meist nicht vollständig sind, da es eine Fülle von Informationen bedarf, um eine Entscheidung korrekt zu treffen. Selbst wenn einem bewusst ist, dass vorliegende Informationen nicht ausreichend sind, ist es schwierig an fehlende Informationen zu kommen. Sei es mangelndes Engagement oder nicht vorhandene aber nötige Organisation bzw. nötige Fähigkeiten. Somit muss es Aufgabe der Beratungsanbieter sein, diese fehlenden Informationen im Voraus sowie an zentralen Stellen zu platzieren, damit die Kunden notwendiges Handwerkszeug besitzen, um die richtigen Entscheidungen zu treffen. [10]

Die Equity-Theorie verfeinert den Gleichgewichtsgedanken, der als Entscheidungsgrundlage dient. Es wird darauf aufmerksam gemacht, dass das empfundene Gleichgewicht nicht mit dem tatsächlichen übereinstimmen muss, da dies immer subjektiv empfunden wird. Nur weil der Kunde meint, den Preis, den er bezahlt sei viel zu hoch für die gebotene Leistung des Beraters, ist dies noch kein Indiz dafür, dass dies auch tatsächlich zutrifft. Die Theorie stellt die Prämisse auf, dass Menschen die erhaltene Leistung (Outcome) mit der erbrachten Leistung (Input) vergleichen, um so zu entscheiden, ob sie in diesem Austausch Gerechtigkeit erfahren haben. Konkret sieht dies im Beratungsbereich folgendermaßen aus: Der Kunde macht bei entsprechendem Berater einen Termin aus. Zu zahlen ist ein fester, fiktiver Stundentarif von 10 €. Nach einer Stunde und 40 Minuten ist das Gespräch zu Ende. Der Kunde muss jedoch die vollen zwei Stunden bezahlen, sprich 20 €. Nun wird er seine eingesetzte Leistung (20 €) mit der erhaltenen Leistung vergleichen. Habe ich alle Informationen erhalten? Wurde mir zusätzlich nützliche Informationen mitgegeben? Ist dies der Fall, wird die Interaktion vermutlich als gerecht empfunden werden. Der Kunde musste zwar für zwei Stunden bezahlen, obwohl er die Beratung nur eine Stunde und 40 Minuten in Anspruch genommen hat, jedoch

---

[10] Vgl. Bareiß/Merk (2014), S. 26

wurden ihm auch zusätzliche Informationen vom Berater mitgeteilt, weshalb man die Interaktion als durchaus gerecht empfinden kann. Werden jedoch keine weiterführenden Informationen erteilt, verringert dies den Output seitens des Beraters. Dies hat zur Folge, dass der Kunde eingesetzten Input und erhaltenen Output als nicht mehr gerecht wahrnimmt. Daraus folgt, dass der Berater Maßnahmen ergreifen muss, um die Gerechtigkeit wiederherzustellen. Hierfür gibt es vier verschiedene Möglichkeiten. Die erste Möglichkeit wäre eine Senkung des Stundentarifs vorzunehmen. Dies hätte wiederum zur Folge, dass der Kunde eine Senkung seines Inputs wahrnehmen würde. Auf der anderen Seite wäre es denkbar den erhaltenen Output des Kunden zu steigern. Dies lässt sich durch zusätzliche Leistungen bei identischem Preis bewerkstelligen. Die dritte Alternative stellt die interne Inputsteigerung dar. Hierbei versucht der Berater dem Kunden eine verstärkte Investitionsbereitschaft zu demonstrieren. Denkbar wäre es, dass der Berater zusätzliche Mitarbeiter einstellt. Dies erweckt beim Kunden den Eindruck, dass der Berater seriös sein Geschäft erweitern will und nicht nur schnell Kasse mit seinen Kunden machen will. Vierte und letzte Alternative bezieht sich auf den Output des Anbieters. Indem er darlegt, dass er trotz niedrigeren Gewinns keine Preiserhöhung des Stundentarifs vornimmt, signalisiert er Loyalität gegenüber seinen Kunden, was in diesem, sowie anderen dargelegten Fällen, zu einer Wiederherstellung des Gleichgewichts führt. [11]

2.2 Organisationstheoretische Erklärungsansätze

Während im Rahmen der sozialpsychologischen Erklärungsansätze die Beziehung einer einzelnen Person zum Dienstleister, in diesem Fall dem Berater, im Mittelpunkt der Betrachtung stand, ist im Bereich der organisationstheoretischen Erklärungsansätze die Beziehung des Unternehmens als Ganzes zum Kunden von Bedeutung. Auch hier kann zwischen verschiedenen Theorien unterschieden werden. Zum einen die Ressource-Dependence-Theorie und den Ressource-Based-View.

Im Mittelpunkt der Ressource-Dependence-Theorie steht die Ressourcenverfügbarkeit. Es stellt sich hierbei die Frage, wie es einem Unternehmen möglich ist, trotz endlicher Ressourcen, den Fortbestand zu sichern. Dies wird dadurch erreicht, dass das Unternehmen mit vielen verschieden Bezugsgruppen in Kontakt tritt, die die notwendigen Ressourcen besitzen. Im Bereich der Beratungsleistungen haben die Kunden als Teil der Bezugsgruppen einen großen Stellenwert, da die Kunden sich selbst in den Leistungserstellungsprozess einbringen. Ohne das Vorhandensein der Kunden könnte keine Beratung erfolgen. Im Fachgebrauch wird dies als

---

[11] Vgl. Bareiß/Merk (2014), S. 26

Integration des externen Faktors bezeichnet. Daraus folgt, dass gewisse Abhängigkeiten seitens des Beraters gegenüber dem Kunden vorliegen. Hierbei lassen sich vier verschiedene Möglichkeiten der Abhängigkeit unterscheiden. Zum einen ist der Anbieter vom Kunden umso abhängiger, je mehr er die Kundenressourcen in Anspruch nimmt. Zusätzlich ist die Abhängigkeit umso größer, je mehr notwendige Ressourcen beim Kunden verfügbar sind. Außerdem erhöht eine Unsicherheit auf dem Markt die Abhängigkeit des Anbieters vom Kunden. Und schließlich sorgt eine niedrige Einflussmöglichkeit auf die Nachfrager, dass die Abhängigkeit der Anbieter ansteigt.

Der Ressource-Based-View wiederum beleuchtet die Ressourcen aus unternehmensinterner Sicht. Hierbei ist das Ziel zu erfahren, wie diese Ressourcen zu dauerhaften Vorteilen im Wettbewerb führen können. Die zu beleuchtenden Ressourcen müssen zunächst auf drei Aspekte spezifiziert werden. Zum einen müssen sie begrenzt sein, des Weiteren dürfen sie nicht substituierbar sein und schließlich sollte es Probleme bereiten entsprechende Ressourcen zu imitieren. Zusammenfassend lässt sich festhalten, dass entsprechende interne Ressourcen das Leistungspotenzial des Unternehmers repräsentieren. Für die Beratungsbranche bedeutet dies folgendes: Um sich einen Wettbewerbsvorteil zu sichern, muss der Berater seine Beratungsmethode auf die obenstehenden drei Aspekte untersuchen. Bin ich der Einzige, der eine derartige Beratung anbietet? Muss ich sie möglicherweise noch weiter individualisieren? Ist es möglich, dass konkurrierende Berater selbige Beratung nicht imitieren können? Derartige Fragen muss sich der Berater stellen. Kann er jede bzw. den Großteil der Fragen für sich positiv beantworten, kann er mit einem dauerhaften Wettbewerbsvorteil rechnen. Sollten die internen Ressourcen benötigten Anforderungen genügen, müssen weitere interne Faktoren einbezogen werden, um die Potenziale nutzen zu können. Um nun schließlich die Beratung zu produzieren und abzusetzen bedarf es die Kombination der genannten Grundüberlegungen. Dies bedeutet, dass die generelle Leistungsbereitschaft, sowie die genannten internen Faktoren, plus den oben genannten externen Faktor in Kombination zum Ergebnis führt. [12]

2.3 Besonderheiten bei der Vermarktung

Wie bei jeder Vermarktung gibt es auch im Bereich der Beratungen gewisse Besonderheiten, auf die geachtet werden sollten. Bernhard Kuntz, der als Pionier für die Marketingunterstützung von Trainern und Beratern gilt, beschreibt die Aspekte, treffend.

---

[12] Bareiß/Merk (2014), S. 27-28

Der Beratungsmarkt ist geprägt von vielen kleinen Unternehmen, sowie selbstständigen Einzelpersonen. Um nun in diesem Markt überhaupt wahrgenommen zu werden, muss in die Vermarktung sowohl viel Geld als auch viel Zeit investiert werden. Hieran schließt sich an, dass im Bereich der Beratungen der Markt sehr umkämpft ist. Dies hat zur Folge, dass es einer ausdauernden und hartnäckigen Vermarktung bedarf, um schließlich die Bekanntheit zu steigern. Die modernen Kommunikationswege scheinen die einfachste und naheliegendste Option für die Vermarktung sein. Jedoch sollte darauf geachtet werden Social Media Accounts, Youtube Kanäle, etc. nur als unterstützende Hilfe einzusetzen. Grundlage bleibt, den eigenen Markt zu kennen und sich über die zu erreichende Zielgruppe im Klaren zu sein. Des Weiteren ist es von erheblicher Bedeutung seinen Marketingprozess genau zu definieren, sowie Schritt für Schritt vorzugehen. Sinnvoll ist es, ein Zielsystem zu erstellen, welches darlegt, wie der Kunde zur Kaufentscheidung geführt werden soll. Mit der wichtigste Aspekt einer Vermarktung von Beratungen stellt der Marketingprozess dar. Es gilt viele unterschiedliche Komponenten mit einander zu verbinden. Dies führt zu einer komplexen Materie, welche entsprechendes Fachwissen bedarf. Sich dieses Aneignen stellt den ersten Schritt zur richtigen Vermarktung einer Beratungsleistung bzw. einer generellen Dienstleistung dar. [13]

3. Bedeutung der geeigneten Standortwahl

Mindestens einmal sieht sich jedes Unternehmen dieser Problematik gegenüber – die Wahl des geeigneten Standortes. Anhand der Bankenbranche, die als typisches Unternehmen des tertiären Sektors gilt, kann die Bedeutung einer solchen Standortentscheidung treffend analysiert werden. Von der Auswahl des richtigen Standortes hängen maßgeblich wirtschaftlicher Erfolg und Fortbestehen des Unternehmens ab. Damit dies auch erreicht werden kann, gibt es gewisse Faktoren, die jederzeit berücksichtigt werden müssen.

3.1 Wichtigste Standortfaktoren

Im Bereich der Wirtschaft, dementsprechend auch bei Dienstleistungen, lassen sich die Standortfaktoren in zwei unterschiedliche Bereiche differenzieren. Auf der einen Seite sind harte Standortfaktoren relevant, die sich überwiegend auf messbare Kriterien berufen. Zusätzlich müssen weiche Standortfaktoren in Betracht gezogen werden, die in unternehmensbezogene und personenbezogene Faktoren unterteilt werden.

---

[13] Vgl. Höhnscheid (2014)

Harte Standortfaktoren

Vom Beispiel des Bankensektors ausgehend sind folgende Faktoren für die Standortauswahl von großer Bedeutung: Zunächst einmal muss die generelle Infrastruktur untersucht werden. Wie sehen Verkehrsbindungen im Bereich von Bundesstraßen und Autobahnen aus? Kann ein funktionierendes Bus- und Bahnsystem in Anspruch genommen werden? Als weiterer wichtiger Aspekt gilt die lokale Entfernung zwischen Unternehmen und möglichen Kunden. Hierbei wird untersucht, ob die Kunden unter Umständen weite Wege auf sich nehmen müssen, um zum Firmenstandort zu gelangen. Aufgrund dessen, dass die gesamte Analyse praktisch auf einer ökonomischen Sichtweise beruht, werden dementsprechend die Preise der Grundstücke, sowie die Mietkosten der entsprechenden Räumlichkeiten einbezogen. Zusätzlich ist die Höhe etwaiger Steuern in jeweiligem Einzugsgebiet zu betrachten. Außerdem findet die generelle Lage des hiesigen Arbeitsmarkts große Beachtung. Das Unternehmen möchte sich im Voraus im Klaren sein, ob mit gut ausgebildeten Fachkräften zu rechnen ist sowie die Lage der Lohnkosten einzuschätzen ist. Ergänzend hierzu ist die Nähe zu Hochschulen für Firmen interessant, da so abzusehen ist, ob in regelmäßigen Abständen mit neu ausgebildeten Fachkräften zu rechnen ist. Zu guter Letzt wird betrachtet, ob sich bereits Konkurrenzunternehmen oder Firmen ähnlicher Branche an jenem Standort befinden. [14]

Weiche Standortfaktoren

Unternehmensbezogene Standortfaktoren: Für jegliche Unternehmen ist es elementar wichtig, dass für alle Beteiligten eine generelle Sicherheit herrscht. Dies bezieht sich sowohl auf die Produktion als auch auf Mitarbeiter und Personal. Eine hohe Kriminalitätsrate etwa wirkt sich dementsprechend negativ auf die Entscheidung aus. Weiterhin werden Wohnqualität und Ähnliches einbezogen, da ein Unternehmen darauf bedacht ist, dass seine Mitarbeiter in einem annehmbaren Umfeld leben, wo sie sich wohlfühlen, um schließlich in ihrer Arbeit Hochleistung zu bringen. Um etwaige Mitarbeiter von anderen Firmen abwerben zu können, ist es wichtig, dass die entsprechende Stadt bzw. Region ein positives Image genießt. Im Bankensektor ist es deshalb üblich an Standorten anzusiedeln, die bereits ein passendes Bild vermitteln. Dies führt dazu, dass in größeren Städten häufig ganze Bankenviertel anzutreffen sind, wie es beispielsweise in Frankfurt am Main der Fall ist. Mit der wichtigste Aspekt stellt die generelle Wirtschaftskraft eines Standortes dar. Ist diese aufstrebend bzw. die Prognose dessen positiv, verbessert es die Möglichkeit einer Ansiedlung. Außerdem ist für Unternehmen

---

[14] Vgl. Lernhelfer (2010)

die vorhandene Bevölkerung interessant. Ist eine fleißige, hart arbeitende Gesellschaft vorhanden, die die Region weiter voranbringen will, spricht dies natürlich in besonderem Maße für diesen Standort. Abschließend müssen Umweltbedingungen und Qualität der jeweiligen Umwelt in Betracht gezogen werden.

Personenbezogene Standortfaktoren: Diese Faktoren sind für Mitarbeiter und generelle Personen des Unternehmens relevant. Ein wichtiger Aspekt hierbei ist Schulbildung. Sind Schulen in naher Umgebung anzutreffen? Wie ist die Qualität der Ausbildung, die die Kinder dort genießen? Hinzu kommen mögliche Freizeitaktivitäten. Sind diese vorhanden und bietet der Ort auch einen gewissen Reiz? Außerdem fließt das kulturelle Angebot mit in die Entscheidungsfindung ein. Hierzu zählt ob Museen, Theater und Kinos in unmittelbarer Umgebung vorhanden sind. [15]

3.2 Relevanz und Ausgestaltungsmöglichkeiten der Standortfaktoren

Erneut vom Beispiel einer Bank ausgehend stellt sich nun die Frage welche der Faktoren besondere Relevanz haben und wie diese weiter und besser ausgestaltet werden können. Wie bereits erwähnt ist die Bankbranche einer typischer dem tertiären Sektor angehöriger Bereich und ist dementsprechend eine klassische Dienstleistung. Dies hat zur Folge, dass die Integration des externen Faktors ein großer Bestandteil der Unternehmensstrategie ausmacht. Somit sind alle Faktoren, die in irgendeiner Weise den Kunden betreffen, von großer Relevanz. Der wichtigste und naheliegendste Aspekt stellt natürlich die Nähe zum Kunden dar. Um dieser Anforderung gerecht zu werden, bilden Banken in der Regel ein flächendeckendes Netz von Filialen. Hierbei wären als Ausgestaltungsmöglichkeit der Aspekt denkbar, die Größe der Filialen entsprechend der Menge der Kunden im Umkreis zu konzipieren. Zusätzlich sollte darauf geachtet werden, wie die Zugangswege zur Filiale gestaltet sind. Ist es schwierig mit öffentlichen Verkehrsmitteln die Bank zu erreichen, sollte im Voraus genügend Platz für Parkmöglichkeiten geschaffen werden. Ein weiterer wichtiger Aspekt, der Relevanz genießt, bezieht sich auf das Vorhandensein entsprechender Fachkräfte: entweder durch das bereits Bestehen jener oder aufgrund von Hochschulen und Universitäten in näherer Umgebung. Um diese Faktoren besser nutzen zu könne, sollte die Bank frühzeitig anfangen, für ihr Unternehmen zu werben. Dies könnte durch Tage der offenen Tür geschehen oder indem man an Schulen Informationstage veranstaltet. Dies wirkt ebenfalls dem Problem möglicher Konkurrenzanbieter in der Finanzbranche entgegen. Denn eines ist klar: Nimmt die Bank bei

---

[15] Vgl. Lernhelfer (2010)

der Standortentscheidung das Fachkräftepotenzial wahr und lässt es als positiven Aspekt in die Entscheidung einfließen, kann diesen im Enddefekt aber nicht nutzen, werden im Grunde vielversprechende Potenziale „verschwendet".

Ein weiterer tragender Faktor, der sowohl große Relevanz genießt, als auch Ausgestaltungsmöglichkeiten bietet, ist der Aspekt der Umweltqualität. Ist diese bei entsprechendem Standort gut, gäbe es die Möglichkeit für die Bank etwa Teile einer Grün – bzw. Parkanlage zu sponsern. Diese würde dazu führen, dass sowohl die Umwelt lebenswert bleiben würde, was der Umwelt selbst gut bekommen würde. Außerdem hätte dies auch positive wirtschaftliche Aspekte. Dadurch, dass die Lebenssituation in dieser Region gut ist respektive bleibt, werden dort weiterhin viele Menschen leben, die als potenzielle Kunden der Bank gelten. Zusätzlich dazu würde die Unterstützung einer Umweltmaßnahme das Image aufbessern, was eine Bank auch immer gut vertragen kann. Das verbesserte Image führt ebenfalls zu einer höheren Anzahl an Kunden. Als abschließender Punkt kann der Kultur- und Freizeitfaktor genannt werden. Um seine Fachkräfte halten zu können, muss diesen außerhalb ihrer Arbeit etwas geboten werden. Deshalb bietet es sich an, etwaige Sportvereine oder Museen zu sponsern. Unzufriedenes Personal verringert die Produktivität. Somit hat die Aufgabe, die Arbeitnehmer außerhalb der Bürozeit positiv zu stimmen, erhebliche Relevanz.

Literaturverzeichnis

Alchian A. A./Woodward, S. (1988), The Firm Is Dead; Long Live The Firm a Review of Oliver E. Williamson´s The Economic Institutions of Capitalism, Journall of Economic Literature, 26. Jg., Nr.1, S. 65-79.

Akerlof, G. A. (1970), The Market for „Lemons": Quality Uncertainty and the Market Mechanism, The Quarterly Journal of Economics, 84. Jg., Nr. 3, S. 488-500.

Bareiß A./Merk J. (2014), Dienstleistungsmarketing, 1.Auflage, Studienbrief der SRH Fernhochschule, Riedlingen.

Die Auswahl von Standortfaktoren am Beispiel von Banken und Kreditinstituten (2010), In:https://www.lernhelfer.de/schuelerlexikon/geografie/artikel/die-auswahl-von-standortfaktoren-am-beispiel-von-banken-und, abgerufen am 05.03.2018

Hönscheid, T. (2014), Dienstleistungen richtig vermarkten. In: https://www.channelpartner.de/a/dienstleistungen-richtig-vermarkten,3043148, abgerufen am 05.03.2018

Jensen, M. C./Meckling, W. H. (1976), Theory of the Firm: Managerial Behaviour, Agency Costs and Ownership Structure, Journal of Financial Economics, 3. Jg., Nr. 4, S.305-360.

Linde, F. (2005), Ökonomie der Information, 1. Aufl., Göttingen.

Linde, F. (2007), Informationsasymmetrien. In: www.infoconomy.de/wordpress/ueber/informationsoekonomie-2/informationsasymmetrien/, abgerufen am 05.03.2018.

Varian, H. R. (1998), Markets for Information Goods, University of California, Berkeley.